LETTRE

D'UN

PETIT PENSIONNÉ DE L'ÉTAT

À

M. DAUPHIN

Ministre des Finances

8 mai 1887.

A Madame veuve Adèle de Grammont.

Chère mère,

Je te dédie ce petit travail, qui est le prélude de mon dernier effort et la synthèse rapide des longues tribulations d'une existence agitée.

Malgré les quatre-vingt-cinq ans, les yeux toujours bons, ton esprit toujours vivace, ton imagination toujours jeune sauront trouver quelque intérêt à ce récit douloureux, surtout provenant d'un fils.

Tu avais désiré et je t'avais promis que je chercherai une fois encore à servir le pays. Comme tu le vois, j'ai fait pour cela tout ce qui était humainement possible. Ce n'est donc pas de ma faute si je n'y ai pas réussi !

Mais console-toi !... La justice n'est pas de ce monde... et puis peut-être n'ai-je pas encore dit mon dernier mot !

Bien à toi filialement.

LUCIEN DE GRAMMONT.

Paris, le 8 mai 1887.

Paris, le 8 mai 1887.

A Monsieur Dauphin, Ministre des Finances,

à Paris.

Monsieur,

Il y a deux mois environ, j'ai appris par l'intermédiaire officieux de M. Chailley, gendre de feu M. Paul Bert, que vous me trouviez, à cinquantesept ans et demi, trop âgé pour pouvoir être gratifié d'un emploi de finances, alors cependant que M. L..., ancien député et colonel en retraite, a obtenu dernièrement une perception à Paris à l'âge de soixante-huit ans et M. F..., chef de bataillon en retraite, une recette particulière dans le Midi à cinquante-sept ans. Cette déclaration à mon sujet est donc une *fin de non-recevoir*, que je constate avec douleur et à laquelle je réponds ce qui suit :

Il y aura bientôt dix ans que je poursuis avec une énergie infatigable, auprès du gouvernement de la République, une réparation quelconque au préjudice pécuniaire important qui m'a été causé en 1876 par ma mise d'*office* à la retraite comme *simple Capitaine* alors que j'avais droit au grade et à la pension de *Commandant*. Depuis cette époque et vu l'illégalité commise à mon égard, pourquoi n'a-t-on rien fait pour moi?

Tout d'abord, j'ai été recommandé à M. Tirard, alors qu'il était Ministre des Finances, par M. Jules Grévy, par M. Wilson son gendre, et par M.Martin-Feuillée, ancien garde des sceaux (*trois lettres à l'appui*).

Plus tard, l'attention de votre prédécesseur, M. Sadi Carnot, a été éveillée à mon sujet par M. de Freycinet et par M. le général Boulanger (*deux lettres à l'appui*). En dernier lieu, M. Chailley, au nom de son beau-père, a pris la peine d'intercéder en ma faveur auprès de vous-même (*une lettre à l'appui*).

Il y a cinq ans (à cette époque je n'avais pas cinquante-sept ans, n'est-ce pas?) j'avais sollicité l'emploi modeste de *commis auxiliaire des finances* (affaire de la conversion du 5 0/0) et c'est un nommé D... qui a été nommé à ma place et qui depuis... a passé en police correctionnelle pour avoir volé le Trésor.

Pendant trois ans, c'est-à-dire depuis le mois de janvier 1884, moment où a paru la brochure sur le Tonkin, que j'avais offerte à M. Jules Grévy, mû, d'ailleurs, par un sentiment aussi désintéressé que patriotique, j'ai laissé volontairement surseoir à l'*effet possible* de ma nomination à un emploi de finances. Pourquoi ? Pour introduire vingt-quatre demandes accompagnées de quinze grands mémoires, le tout à l'effet d'être envoyé dans l'Indo-Chine, pays où j'ai rendu autrefois des services exceptionnels; et, lorsque, lassé de cette formidable campagne, je viens aujourd'hui vous demander, Monsieur, à reprendre mon tour à votre département ministériel, vous jetez le masque et venez me dire que je suis trop vieux. Allons donc ? N'est-ce pas une chose injuste et une dérision amère ?

Mais ce n'est pas tout : car, après mes échecs successifs sur la question coloniale. voulant encore m'employer pour un service actif. mais cette fois sur un autre terrain, j'ai offert tout récemment au Ministère de l'intérieur, et toujours malgré mes cinquante-sept ans, de parcourir la France jusqu'aux élections prochaines dans le but de faire des conférences politiques et d'y prêcher l'union des partis, ainsi que la stabilité ministérielle. même la vôtre. monsieur Dauphin. Vous voyez par là que j'étais sans rancune. demandez-le plutôt à M. Carlier. votre second !

En dehors de cela et même sans tout cela. votre premier acte en arrivant au Ministère devait être de faire quelque chose en ma faveur. car c'est vous. Monsieur. qui êtes en grande partie la cause que ma malheureuse femme est restée pendant une année enfermée à l'asile Sainte-Anne. Cette histoire lamentable, je n'ai pas besoin de vous la rappeler ici et tout au long. Cependant vous n'avez pas oublié notre entretien au Palais de Justice en 1880, entretien tenu tant au sujet de ma candidature aux fonctions de juge de paix, qu'à propos des circonstances honorables, courageuses même. qui avaient. par contre-coup, conduit Mme de Grammont là où je viens de dire.

Si donc vous aviez eu un peu d'âme, de justice ou de pitié, vous pouviez aujourd'hui et en votre qualité de Ministre des Finances acquitter la dette *d'ordre public*, que les deux parquets de Besançon et de Châlons-sur-Marne avaient. en 1877, contractée envers nous lors de notre témoignage dans l'ins-

truction criminelle du sieur Pourçain de Mourme-
lon-le-Grand ! (1)

Cependant, vous n'avez rien fait, rien essayé en
ma faveur, et non seulement vous n'avez rien fait,
mais encore vous avez donné des ordres pour que je
ne sois plus reçu par personne à votre Ministère, ce
qui fait que, lorsque le 6 avril dernier je m'y suis
présenté pour voir M. le chef de votre cabinet, j'ai
été éconduit par l'un de vos huissiers de la façon la
plus grossière. N'est-ce pas inouï ? et sont-ce là des
procédés d'un ministre républicain ?

Et cette injure, faite à moi d'abord, n'atteint-elle
pas également les cinq personnages les plus élevés
du gouvernement, hôtes de l'Elysée, plus vos collègues ou anciens collègues que j'ai nommés ci-
dessus et qui avaient daigné s'intéresser à ma situation ? Leurs apostilles bienveillantes, quelques-unes
même chaleureuses, vous les avez foulées aux pieds
et *moralement* vous avez laissé protester leurs si-
gnatures !

Votre réponse, enfin, à M. Chailley, le seul joint
par lequel on ait pu vous faire donner signe d'existence, n'est-elle pas encore un persiflage officiel qui
monte jusqu'à M. Paul Bert, lequel cependant, et
dans cinq lettres que je possède de lui, avait su ap-
précier mon grand ouvrage sur la Basse-Cochinchine, des travaux plus récents et l'ensemble de mes
vues sur le protectorat de l'Extrême-Asie !

Voilà donc, Monsieur, comment vous avez agi à
l'égard d'un combattant de 1848, vétéran de la troi-
sième République et venu à elle dès la première
heure, bien qu'il appartienne à une vieille famille

---

(1) A sa sortie de l'asile de Sainte-Anne, j'ai présenté ma
femme à M. Martin-Feuillée, à ce moment Ministre de la justice, lequel la complimenta sur sa conduite dans l'affaire Pourçain et lui promit ma nomination de juge de paix.

qui a pendant plusieurs siècles servi avec honneur la Monarchie aux armées !

Nombreux, du reste, sont les témoignages d'attachement aux idées nouvelles que j'ai fournis depuis cette époque. En effet, et dès l'année 1869, à Metz, au 44e d'infanterie, je vote contre le plébiscite et mon colonel me menace de la non-activité au sujet de la propagande que je fais à cette occasion au régiment *(trois témoins encore vivants à l'appui)*, et j'ajoute qu'à ce moment si toute la nation avait opiné comme l'armée, nous n'aurions pas eu sans doute l'invasion de 1870 et nous posséderions encore l'Alsace et la Lorraine !

En 1872 et par un scrupule des plus honorables, antique même, je refuse une proposition pour la croix d'officier de la Légion d'honneur, qui m'était offerte pour les services signalés que j'avais rendus aux Conseils de guerre de la Commune. Vous pouvez, Monsieur, vous en assurer auprès de M. le général Appert et de mon camarade d'école, le colonel Delloye, qui commande aujourd'hui un régiment d'artillerie à Toulouse.

En 1877, au 16 mai, étant rapporteur à Amiens, je me mets à la disposition de Gambetta pour m'opposer avec la fraction libérale de la Chambre au projet de coup d'Etat, qui se tramait à ce moment dans l'ombre. M. Goblet, qui était Maire de la ville à la même époque, le sait bien (1).

Depuis deux ou trois ans, j'ai effectué des travaux considérables et adressé un certain nombre de mémoires à MM. Wilson, Allain-Targé, Paul Bert,

---

(1) Plus tard, j'ai été reçu deux fois à ce sujet à la Présidence de la Chambre par Gambetta, qui, bien que tout puissant à cette époque, ne put obtenir ma nomination de juge de paix.

Bibourt, de Freycinet, Sadi Carnot, général Boulanger, Edouard Lockroy, études politiques, financières, militaires ou coloniales qui ont rendu quelques services à la chose publique et valu à moi-même plusieurs lettres de félicitations, les plus hauts appuis et autres mentions honorables (1).

Eh bien ! ces quelques faits que je viens de citer, joints à la question de ma mise illégale à la retraite, ne me méritaient-ils pas une compensation quelconque de la part du gouvernement actuel de la République, alors que depuis tant d'autres ont été gorgés d'emplois, d'honneurs et d'argent, et parmi lesquels plusieurs n'ont montré leur gratitude qu'en déchirant, en secret, le sein même qui les nourrit !

Aujourd'hui, Monsieur, je vous l'avoue, les vieilles convictions politiques de ma jeunesse commencent à être fortement ébranlées et je me sens quelque peu découragé, désabusé du régime républicain que nous avons depuis seize ans. Et cela non pas tant à cause du mal qu'il m'a fait, mais parce que le souvenir de ce mal me suggère des réflexions philosophiques bien excusables. Car, je me dis en moi-même: « Si c'est comme cela pour moi, qu'en
« sera-t-il, que peut-il en être pour tant d'autres
« qui souffrent ou qui travaillent et qui sont mille
« fois plus malheureux que je ne le suis moi-
« même ? »

Mais ce n'est pas ici le lieu ni le moment de compléter ma pensée sur ces graves questions que je reprendrai plus tard. Je reviens donc pour finir à

---

(1) Mes travaux les plus récents ont porté sur la défense nationale et quelques autres questions militaires, à propos desquelles j'ai reçu trois lettres de félicitations de la part de M. le général Boulanger.

quelques dernières et légitimes préoccupations personnelles qu'a provoquées dans mon esprit la lettre de M. votre chef de cabinet à M. Chailley.

A une situation particulière, digne d'intérêt et qui se prolonge depuis dix ans, vous pouviez apporter quelque soulagement, vous le pouviez et vous le deviez. A tort ou à raison, je n'en sais rien, l'on vous reproche de vous être étayé, pour parvenir à la fortune, de certains appuis compromettants que je n'ose pas désigner ici. Mes appuis à moi, vous les connaissez maintenant, car j'ai pu les nommer sans rougir. Certes, ils n'étaient pas mauvais, cependant ils n'ont pas trouvé grâce devant vous : les vôtres étaient-ils donc meilleurs ?

Arrivé presque au faîte, vous pouviez, tout en faisant quelque chose pour moi, honorer en même temps ceux qui, plus hauts ou aussi grands que vous-même, avaient daigné arrêter un moment leur attention sur un *infiniment* petit comme votre serviteur.

Ce quelque chose que je réclame depuis tant d'années était un acte de réparation et surtout de justice. A ce dernier titre, si le Ministre des Finances n'en était pas *le premier* comptable, l'ancien Procureur général devait *tout d'abord* s'en souvenir !

Et comme à toutes choses dans la vie il faut un épilogue et une morale, vous saurez, Monsieur, que dans quelques jours je vais quitter Paris et malgré mes 57 ans courir la province en qualité de *commis-voyageur financier*, pour gagner à ma femme le *morceau de pain* qui lui manquerait à mon décès et que le gouvernement de la République m'a soustrait contrairement à la loi.

Vous pouviez épargner cette dernière amertume à ma carrière.

Au cours de ces pérégrinations laborieuses et dans

quelques-unes de mes conférences financières, si des personnes me demandent pour quel motif je fais ce métier-là, j'y répondrai en leur plaçant sous les yeux les réflexions qui précèdent.

Vous le voyez, Monsieur, je retire aujourd'hui et j'annule ma lettre du 15 avril ; la présente sera donc ma seule vengeance, mais franchement vous méritiez beaucoup plus.

J'ai l'honneur de vous saluer.

DE GRAMMONT.

Capitaine en retraite, chevalier de la Légion d'honneur
et de plusieurs ordres étrangers,
médaille de Chine,
ancien sous-préfet en Basse-Cochinchine,
ancien magistrat militaire, combattant de 1848,
auteur de plusieurs ouvrages et brochures.

8, rue Van-Loo, Paris-Point-du-Jour.

Ayant été recommandé au Ministère des finances par :

1° M. JULES GRÉVY, Président de la République.
  13 mai 1881. — Lettre à l'appui ;

2° M. WILSON, son gendre, député,
  21 avril 1882. — Lettre à l'appui ;

3° M. MARTIN-FEUILLÉE, ancien garde des sceaux,
  21 mai 1883. — Lettre à l'appui ;

4° M. DE FREYCINET, ancien ministre des affaires
   étrangères ;
  22 juillet 1886. — Lettre à l'appui ;

5° M. LE GÉNÉRAL BOULANGER, ministre de la guerre,
  11 octobre 1886. — Lettre à l'appui ;

6° M. CHAILLEY, gendre de feu M. Paul Bert,
  6 février 1887. — Lettre à l'appui.

Paris. — Imp. J. Kugelmann, 12, rue de la Grange-Batelière.